AF312224

VENTE APRÈS DÉCÈS

TABLEAUX

ANCIENS

PROVENANT

De la Succession de Madame Veuve B***

HOTEL DROUOT, SALLE N° 1

Les Lundi 1ᵉʳ et Mardi 2 Février 1886

A DEUX HEURES

EXPOSITIONS

PARTICULIÈRE	PUBLIQUE
Le Samedi 30 Janvier	Le Dimanche 31 Janvier

DE UNE HEURE ET DEMIE A CINQ HEURES

Mᵉ GUÉLON-DUBREUIL	MM. HARO Frères
COMMISSAIRE-PRISEUR	PEINTRES-EXPERTS
boulevard de Sébastopol, 3	rue Visconti, 14 et rue Bonaparte, 20

PARIS — 1886

IMPRIMERIE

Ve RENOU ET MAULDE

144, Rue de Rivoli, 144

PARIS

CATALOGUE

DES

TABLEAUX

ANCIENS

PROVENANT

De la Succession de Madame Veuve B***

DONT LA VENTE AURA LIEU

HOTEL DROUOT, SALLE N° 1

Les Lundi 1ᵉʳ et Mardi 2 Février 1886

A DEUX HEURES

Mᵉ GUÉLON-DUBREUIL	MM. HARO Frères
COMMISSAIRE-PRISEUR	PEINTRES-EXPERTS
boulevard de Sébastopol, 3	rue Visconti, 14 et rue Bonaparte, 20

CHEZ LESQUELS SE DISTRIBUE LE CATALOGUE

EXPOSITIONS

PARTICULIÈRE	PUBLIQUE
Le Samedi 30 Janvier	Le Dimanche 31 Janvier

DE UNE HEURE ET DEMIE A CINQ HEURES

PARIS — 1886

CE CATALOGUE SE DISTRIBUE

A PARIS, CHEZ

<table>
<tr><td>Me GUÉLON-DUBREUIL
COMMISSAIRE-PRISEUR
boulevard de Sébastopol, 3</td><td>MM. HARO Frères
PEINTRES-EXPERTS
rue Visconti, 14 et rue Bonaparte, 20</td></tr>
</table>

CONDITIONS DE LA VENTE

Elle sera faite très expressément au comptant.

Les Acquéreurs paieront CINQ POUR CENT en sus des adjudications, applicables aux frais.

Aucune réclamation ne sera admise après l'adjudication prononcée.

TABLEAUX

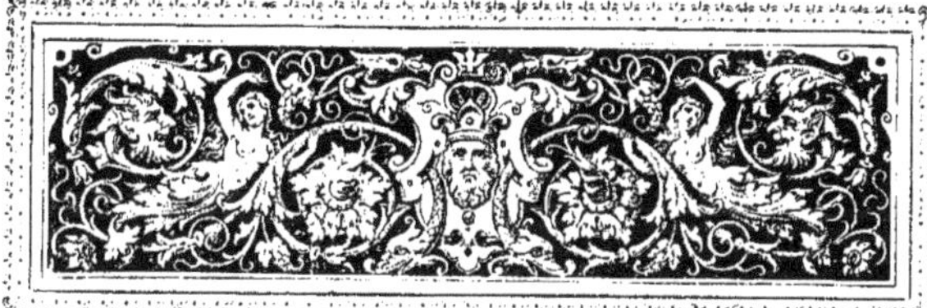

DÉSIGNATION

BALEN (Van)

1 — Ronde des Amours.

A gauche, Apollon, Diane et Cérès ; à droite,
Vénus ; en haut, divers divinités de l'Olympe.

Charmante composition.

Bois. — H. 0^m36. L. 0^m47

BIE (De)

(Attribué à)

2 — Kermesse.

Toile. — H. 0^m95. L. 1^m26

BOTH (Jean)

3 — Paysage avec figures et animaux. Vue prise en Italie (Effet de soleil couchant).

Signé du monogramme, à droite.

Toile. — H. 0m81. L. 0m94.

BOUCHER

(Attribué à)

4 — Jeunes Amours.

Toile. — H. 0m37. L. 0m52.

BOURGEOIS

5 — Vue du Château de la Roseraie devant la Toucques (Trouville-sur-Mer).

Aquarelle. — H. 0m50. L. 0m70.

CHAUVEAU

6 — Nymphe et Satyre.

Toile. — H. 0m42. L. 0m33.

COYPEL
(Attribué à)

7 — Sacrifice d'Iphigénie.

Toile. — H. 1m34. L. 0m98.

CUYP
(Attribué à)

8 — Cheval à l'écurie.

Bois. — H. 0m35. L. 0m25

DOW (GÉRARD)
(Attribué à)

9 — Un Ermite.

Il est représenté assis dans une grotte, lisant et méditant. Dans le fond, divers accessoires très finement peints; par l'ouverture de la grotte, on aperçoit un paysage avec des ruines.

Bois. — H. 0m32. L. 0m27.

DROLLING (M.)

10 — Portrait de Marie-Antoinette.

Cette composition a beaucoup d'analogie avec grand portrait exécuté par Mme Vigée-Lebrun..

Signé à gauche.

Bois. — H. 0m55. L. 0m44

DROOGSLOOT

11 — Kermesse.

> Ce tableau a subi de nombreuses et fâcheuses réparations.

> Bois. — H. 0^m92. L. 1^m3o.

DUGHET (Dit le GUASPRE POUSSIN)

12 — Paysage (Effet de soleil couchant).

> Toile. — H. 0^m73. L. 0^m6o.

ENAULT (Mme ALIX)

13 — Pont rustique du château de la Rose-raie.

FERGIONI| (BERNARD)

14 — Marine. Vue d'un port de mer en Italie.

> Toile. — H. 0^m96. L. 1^m36.

G. M.

15 —. Des Paysans en revenant du marché
sont arrêtés par des voleurs de grand
chemin.

Signé à droite du monogramme sur un petit
tonneau qu'emporte un des voleurs.

Bois. — H. 0^{m}51. L. 0^{m}68.

GOYEN (Van)

(Attribué à)

16 — L'Auberge (Effet de nuit).

Esquisse.

Bois. — H. 0^{m}40. L. 0^{m}48.

GREUZE

(École de)

17 — La petite Éleveuse d'oiseaux.

H. 0^{m}40. L. 0^{m}33.

GREUZE

(Attribué à)

18 — La Fille repentie.

Esquisse.

H. 0^{m}65. L. 0^{m}80.

GUDIN (Th.)

19 — Marine.

Sépia.

Signé à gauche et daté.

H. 0m22. L. 0m30.

GUIDO RENI

(Attribué à)

20 — Le Sommeil de l'Enfant Jésus.

Toile. — H. 1m62. L. 1m33.

GUIDO RENI

(D'après)

21 — La Fortune.

Toile. — H. 1m62. L. 1m36.

HELMONT (Van)

22 — Une Ferme.

Toile. — H. 1m05. L. 1m40.

LIBERI (Le Cavalier)

23 — Vénus et l'Amour.

Toile. — H. 0m95. L. 1m30.

MARNE (De)

24 — L'Abreuvoir (Paysage).

Bois. — H. 0m19. L. 0m23

MATSYS QUENTIN

(Attribué à)

25 — Un Banquier.

Bois. — H. 0m75. L. 1m08.

MEULEN (Van der)

(Attribué à)

26 — Combat de cavaliers.

Toile. — H. 0m58. L. 0m74

MIGNARD

(Attribué à)

27 — Portrait d'un Enfant de France, le duc
d'Anjou, plus tard roi d'Espagne.

> Il est représenté assis, tenant un petit chien
sur ses genoux, et décoré de l'Ordre du Saint-
Esprit.

> Toile. — H. 0m95. L. 0m75.

MIGNARD

(École de)

28 — Portrait de Dame de qualité en costume
du temps.

> Elle est assise et tient de la main droite une
rose qui s'effeuille.

> Toile. — H. 1m15. L. 0m93.

MURILLO

(Attribué à)

29 — Allégorie sur l'Art.

> La Peinture conduisant et inspirant le jeune
don Nunez de Villavicencio, ami et un des dis-
ciples favoris de Murillo.

> Toile. — H. 0m38. L. 0m28.

MURILLO

(Attribué à)

3o — L'Ange Gabriel.

Fragment d'un tableau représentant la Saluta-
tion Angélique.

Toile. — H. 0m60. L. 0m74.

NETSCHER (C.)

(Attribué à)

3i — Portrait d'un riche négociant hollandais
dans son intérieur.

Toile. — H. 0m80. L. 0m68.

OMMÉGANCK (B.-P.)

32 — Pâturage.

Signé à droite.

Bois. — H. 0m5o. L. 0m40.

OMMÉGANCK

(Attribué à)

33 -- Moutons dans une bergerie.

Bois. — H. 0m28. L. 0m40.

PIPPI (dit Jules Romain)

(D'après)

34 — Quatre Figures allégoriques.

Toile. — H. 0m52. L. 0m42.

POUSSIN (Nicolas)

(École de)

35 — Moïse enfant foulant aux pieds la couronne de Pharaon.

Toile. — H. 0m84. L. 1m16.

PRUDHON

(D'après)

36 — Daphnis et Chloé.

Bois. — H. 0m47. L. 0m39.

PRUDHON

(D'après)

37 — Le Zéphir.

Esquisse.

H. 0m33. L. 0m25.

RAOUX

38 — Le Nid.

Toile. — H. 0^m42. L. 0^m34.

ROBIN

39 — L'Espérance. Figure allégorique.

Toile. — H. 0^m65. L. 0^m53.

RUBENS

(École de)

40 — Repos de la sainte Famille en Égypte.

Toile. — H. 1^m15. L. 1^m48.

STEEN (Jean)

41 — Intérieur de Maison hollandaise avec
fumeurs.

Toile. — H. 0^m80. L. 0^m95.

STEEN

(Attribué à)

42 — La Consultation.

Bois. — H. 0^m50. L. 0^m41.

TÉNIERS (David), le jeune
(1610-1694)

ET

TILBORG (Gilles Van)
(1525-1678)

34 — Les Arquebusiers d'Anvers réunis en armes sur la Grande-Place.

Le Musée de l'Ermitage à Saint-Pétersbourg possède le premier tableau original, peint entièrement de la main de Téniers : celui que nous présentons au public est une répétition que Téniers exécuta avec le concours de son élève Tilborg.

Il y a donc un intérêt considérable pour la ville d'Anvers et pour ses habitants à retrouver non seulement les portraits des notables de la municipalité d'alors, portraits exécutés avec un talent et un fini inimitables, mais encore le vieux palais de cette grande cité avec ses statues, ses marbres et les décorations des maisons si pittoresques. En un mot, c'est une page d'histoire que l'on souhaiterait voir prendre place dans le beau musée d'Anvers ou dans la maison municipale.

Ce tableau est d'un intérêt si capital qu'il nous a paru nécessaire d'en faire une étude spéciale et de reproduire tous les documents que nous avons pu rassembler.

« ..... La Malmaison a livré à l'Ermitage une œuvre « hors ligne, une œuvre hors prix. C'est un grand tableau qui « fut peint en 1643 pour la confrérie de l'Arbalète, et qu'on « appelle les Arquebusiers d'Anvers. On n'y compte pas moins « de quarante-cinq personnages en figurines de 8 à 10 « pouces. L'arrangement de cette foule en perspective est « merveilleux comme le rendu de tous les détails. Dechamps « le désigne, avec raison, comme le plus beau tableau de « Téniers. — Rien de plus considérable, ni de plus parfait « n'est sorti du pinceau de ce maître fécond » (Viardot). *Extrait de l'Histoire des Peintres de l'École flamande, par Charles Blanc.*

« Fête en l'honneur de Godefroid Snyders, qui faisait à la
« corporation de Saint-Luc une rente annuelle ; la cérémonie
« eut lieu en 1643. Tous les membres de la ghilde, en armes,
« suivent le riche amateur, et se dirigent vers l'hôtel de Saint-
« Georges, appartenant à la corporation de la Vieille-Arba-
« lète, dont Godefroid était membre. Le doyen et les jurés
« viennent au-devant lui et lui offrent le vin d'honneur On
« voit dans le fond l'Hôtel-de-Ville d'Anvers comme il était
« à cette époque. »

« Chef-d'œuvre de Téniers, que possède actuellement
« le musée de Saint-Pétersbourg et qui resta dans l'hôtel
« Saint-Georges jusqu'à l'année 1749, où la corporation le
« vendit 5,000 florins, avec un tableau de Rubens actuelle-
« ment à Cassel. Tous les personnages du tableau de Téniers
« sont des portraits, soit des membres de la corporation
« de Saint-Luc, soit de la corporation de Saint-Georges
« (*Alf. Michiels*).

Nous pouvons ajouter que nous retrouvons exactement
la même architecture et le même monument qui est au fond
du tableau dans l'ouvrage intitulé : *Histoire d'Anvers*. Une
gravure portant en légende : *Grande Place. Publication de la
Paix de Munster, 1648*, reproduit l'ancien Hôtel-de-Ville.
Son portique de marbre, orné de statues, a un rez-de-
chaussée en style rustique, sur lequel s'élèvent cinq étages.
Le modèle fut dessiné par C. de Vrint; la première pierre fut
posée le 27 février 1561, et la construction fut terminée en
1565. Il fut brûlé en partie pendant le sac d'Anvers le 4 no-
vembre 1576 et restauré de 1581 à 1585.

Nous ne mentionnons pas la signature de Téniers, mise
au bas du tableau.

Bon état de conservation.

Ancienne collection du duc de Morny.

Toile. — H. 1^m37. L. 1^m85.

VALLIN

(Attribué à)

44 — Vénus désarmant l'Amour.

Bois. — H. 0^m40. L. 0^m32.

VANUCHI (Dit André del Sarte)

(Attribué à)

45 — Sainte Famille.

Bois. — H. 1^m35. L. 1^m08.

VOS (Martin de)

46 — Sacrifice d'Abraham.

Bois. — H. 0^m45. L. 0^m63.

WATTEAU

(D'après)

47 — La Danse.

Bois. — H. 0^m54. L. 0^m68.

WATTEAU

(D'après)

48 — Le Colin-Maillard.

Pendant du précédent.

Bois. — H. 0ᵐ54. L. 0ᵐ68.

49 — Le Passe-Temps.

D'après la composition de Watteau.
Gravé par G. Audran.

Bois. — H. 0ᵐ40. L. 0ᵐ47.

WET (J. DE)

50 — L'Ange Raphaël quittant Tobie qui vient
de rendre la vue à son père.

Signé à droite.

Bois. — H. 0ᵐ50. L. 0ᵐ65.

WYNANTS

(École de)

51 — La Chasse. Paysage avec figures.

Toile. — H. 0ᵐ94. L. 1ᵐ16.

ZAMPIÉRI (Dit le DOMINIQUIN)

(Attribué à)

52 — Paysage avec figures.

Toile. — H. 0^m73. L. 1^m15.

ZORG

(Attribué à)

53 — Intérieur de cuisine.

Toile. — H. 0^m35. L. 0^m42.

ÉCOLE ITALIENNE

54 — Sainte Famille.

Sainte Elisabeth présente le petit saint Jean à l'Enfant Jésus qui est assis sur les genoux de la Vierge ; derrière, est saint Joseph. Fond de paysage clair et lumineux.

Ancienne et précieuse copie d'après Raphaël.

Cuivre. — H. 0^m33. L. 0^m25.

55 — Sainte Famille.

La Vierge assise tient dans ses bras l'Enfant Jésus, auquel saint Jean offre la couronne sur laquelle est écrit : *Ecce Agnus Dei.*

Bois — H. 1^m22. L. 0^m88.

ÉCOLE ITALIENNE

56 — Sainte Famille.

Saint Jean-Baptiste présentant des fruits à l'Enfant Jésus.

H. 1^m20. L. 1^m5o.

57 — Danaé.

Toile. — H. o^m92. L. 1^m26

58 — La Peinture.

59 — La Sculpture.

6o — La Musique.

61 — La Poésie.

Quatre Dessus de porte se faisant pendants.

Toile. — H. o^m75. L. 1^m40.

62 — Vénus et Adonis.

Toile. — H. o^m77. L. o^m87.

ÉCOLE BOLONAISE

63 — Énée sauvant son père Anchise.

Toile. — H. 1^m62. L. 1^m22.

ÉCOLE BOLONAISE

64 — Loth et ses Filles.

Toile. — H. 1ᵐ22. L. 1ᵐ70.

ÉCOLE VÉNITIENNE

65 — La Visitation.

Cuivre. — H. 0ᵐ22. L. 0ᵐ17.

ÉCOLE D'ITALIE

66 — Paysage avec ruines.

Toile. — H. 0ᵐ34. L. 0ᵐ42.

ÉCOLE FRANÇAISE

67 — Portrait de Dame de qualité.

Forme ovale

Toile. — H. 1ᵐ40. L. 1ᵐ15.

68 — Portrait de Dame de qualité.

Pendant du précédent.

Forme ovale.

Toile. — H. 1ᵐ40. L. 1ᵐ15.

ÉCOLE FRANÇAISE

69 — Portrait de Femme, époque Louis XIV.

Ovale. — H. 0ᵐ65. L. 0ᵐ55.

70 — Portrait de Dame de qualité, époque
Louis XIII.

Elle est représentée assise, vêtue du costume
du temps ; auprès d'elle, un Amour.

Toile. — H. 0ᵐ97. L. 0ᵐ79.

71 — Portrait de jeune Femme tenant des
fleurs, époque Louis XV.

Toile ovale. — H. 0ᵐ65. L 0ᵐ55.

72 — Charles de Longueville. Portrait du
temps.

Peinture en très mauvais état.

H. 0ᵐ62. L 0ᵐ5o.

73 — Portraits de trois jeunes Enfants.

Toile. — H. 0ᵐ88. L. 1ᵐ2o

74 — Jeune Fille tenant un chat.

H. 0ᵐ55. L. 0ᵐ47.

75 — Tête de jeune fille.

Toile. — H. 0ᵐ46. L. 0ᵐ37.

ÉCOLE FRANÇAISE

76 — La Peinture.

77 — La Sculpture.

Sujets décoratifs se faisant pendants.

Forme ovale. — H. 0m72. L. 0m59.

78 — Le Matin (Paysage).

79 — Le Soir (Paysage).

Pendant du précédent.

Toile. — H. 0m24. L. 0m33.

80 — Paysage.

Bois. — H. 0m25. L. 0m30.

81 — L'Amour, Vénus et Mercure.

Toile. — H. 0m97. L. 1m30.

82 — La Musique.

Toile. — H. 0m52. L. 0m44.

83 — Nymphe et Satyre.

Toile. — H. 0m55. L. 0m65.

84 — Sapho.

Esquisse.

Toile. — H. 0m35. L. 0m25.

ÉCOLE FRANÇAISE

85 — Mars et Vénus.

Toile. — H. 0^{m}90. L. 1^{m}17.

86 — Tête de jeune berger.

Bois. — H. 0^{m}32. L. 0^{m}25.

ÉCOLE DE FONTAINEBLEAU

87 — Suzanne et les Vieillards.

Signé à droite, et daté 1543.

Bois. — H. 1^{m}05. L. 1^{m}35.

ÉCOLE FLAMANDE

88 — Pêcheurs (Environs de Scheveninguen).

H. 0^{m}96. L. 1^{m}23.

89 — Marine (Combat naval).

H. 0^{m}20. L. 0^{m}30.

90 — Diane et ses Nymphes.

Toile. — H. 0^{m}96. L. 1^{m}42.

ÉCOLE FLAMANDE

91 — Paysage avec figures et animaux.

Ancienne copie.

Toile. — H. 0m38. L. 0m42.

92 — Tête de Christ.

Toile. — H. 0m70. L. 0m62.

ÉCOLE HOLLANDAISE

93 — Le Massacre des Innocents.

Bois. — H. 0m60. L. 0m83.

ECOLE ESPAGNOLE

94 — Couronnement de sainte Thérèse.

Toile. — H. 0m80. L. 0m62.

ÉCOLE ANGLAISE

95 — Portrait d'enfant.

Toile. — H. 0m55. L. 0m45.

96 — Un Mendiant.

Toile. — H. 0m86. L. 0m67.

ÉCOLE BELGE MODERNE

97 — Scène d'intérieur (le Chant).

Bois. — H. 0m75. L. 0m60.

98 — Sous ce numéro seront vendues diverses
Copies d'après Van Goyen, Téniers,
Ostade, etc., etc.

99 — Un Cabinet composé de douze panneaux
(École flamande) :

Le Triomphe de l'Amour.
L'Olympe.
Danaé.
Pyrame et Thisbée.
Pygmalion.
Apollon et Daphné.
Pan et Sirène
Mars et Vénus.
Etc.

100 — Sous ce numéro, les Tableaux non cata-
logués.

Vve Renou et Maulde, imprimeurs de la Compagnie des Commissaires-Priseurs,
rue de Rivoli, 144.   1000—64573